D1799513

1

Bibliographische Informatio der Deutschen Nationalbibliothek:

Die Deutsche Nationalbibliothek verzeichnet diese Publikation

in der Deutschen Nationalbibliografie, dattaillierte bibliografische

Daten sind im Internet über http://dnb.drib.de abrufbar.

2019 Maria Korntner

Herstellung und Verlag:

BoD – Books on Demand, Norderstedt

ISBN: 9783749453733

Es zahlt sich aus

Raus aus Schwarz-Weiss

Malen ist ...

Inhalt:

Malen ist für mich

Lebensfreude

Befreiung

pure Schönheit

heilsam

Meditation

Selbstreflexion

Malen führt mich zu

Klarheit

Erkenntnis

mehr Leichtigkeit

Lösungen

Neuem

Vorwort

LIEBE LESERINNEN UND LESER!

Ich freue mich darüber, dass wir uns hier begegnen. Menschen zu erreichen und mitzunehmen in die Welt der Farben – in meinen Reifungsprozess als Frau - war mir so wichtig, dass ich mit diesem Buch begonnen habe. Und jetzt ist es da! Sie sind da. Ein Grund zur Freude!

ES ZAHLT SICH AUS

2012 bekam ich einen Impuls zu malen. Ich war damals der Meinung, dass Kreativität für mich nicht in Frage kommt. Nach einigen Gesprächen mit der Malerin, die FREIES MALEN unterrichtet, habe ich mich darauf eingelassen es wenigstens zu versuchen. Und siehe da – der persönliche Kontakt, die Gespräche und ein langsames Heranführen an die Farben und ihre Schönheit haben mit einem Mal Türen geöffnet. Türen, von denen ich nicht mal wusste, dass sie in mir waren.

Die wundervolle Schönheit der Pastellkreiden – gepresster Farbpigmente – hat mich so berührt! Dazu kam noch das Malen mit den Fingern. So etwas hatte ich noch nie gemacht. Schnell wurde mir klar, dass ich auf diese Weise eine andere, neue Kommunikation mit mir selbst begonnen habe.
So konnte ich mich noch mehr spüren, ja fühlen. Ich konnte das, was mich bedrückte, was mir weh tat, worin ich mich gefangen fühlte … MALEN, JA SEHEN. Zeitgleich erlebte ich Begeisterung, Freude, Schönheit, … LEBENSFREUDE. Die Intensität von allem nahm zu. Das hat mir so viele Möglichkeiten aufgezeigt. Vor allem Kraft wurde wach. Was ich für meine ENTWICKLUNG und die unausweichlichen Veränderungen in meinem Leben dringend brauchte. Ich habe angefangen aufzuschreiben, was durch das Malen und die Bilder bewegt wurde. Was aufgetaucht ist. Eine für mich als sehr natürlich erkennbare Selbstreflexion nahm ihren Lauf.

Die Freude über die Farben, ihre Schön-

heit, wurden für mich zu einer Quelle. Einer Quelle an Freude, Entzücken und Bewusstheit. Einer Quelle an neuen Einsichten.

Potentiale kamen zum Vorschein, von denen ich nichts wusste. Ein ganz wesentliches Element meiner Entwicklung wurde das Wahrnehmen der unguten Gefühle.

Heute weiß ich, dass ich das Ungute abgelehnt habe und im Widerstand versunken bin. Heute weiß ich auch, wie viel freie Kraft ich wieder zur Verfügung habe in meinem Leben. Weil ich nicht mehr verdränge, nicht mehr so festhalte. Weil ich bereit bin, zu akzeptieren, dass das Leben AUS ALLEM besteht. Dem Guten, dem Unguten. Ich lerne Eigenverantwortung zu übernehmen. Und aus Bewertungen auszusteigen. Ein neues Wertebewusstsein wächst. So kann ich ganz werden und mich auch ganz fühlen.

ES ZAHLT SICH AUS! Das ist für mich so wichtig geworden. Egal welche Höhen und Tiefen ich durchwandere. Ich fühle einen neuen LEBENS-WERT.

ASCHENPUTTEL

Mein Leben lang bewegen mich die Rollenbilder der Frau. Bei der Suche nach einem passenden Buchtitel begegnete mir das Aschenputtel. Das ist tiefgegangen. Aschenputtel, die Dienerin! Das Aschenputtel ist die, die sich anpassen muss an die bestehende Situation und die Strukturen. Sie muss das tun, was von ihr erwartet wird. Sie muss durchhalten. Dem alten Leistungsdenken nachkommen.

Genau das hat mir in meinem Leben so weh getan. Ich lebte in dem Glauben, für alle anderen sorgen zu müssen. Mich um alles kümmern zu müssen. War ganz im alten Frauenbild. Ich traute mich lange nicht zu schauen, was für mich gut ist, weil ich so damit beschäftigt war, es allen recht zu machen. Um alle Anforderungen von Familie, Arbeit usw. zu erfüllen. Ich habe mich angepasst an Strukturen, an Wertvorstellungen und traditionelle Rollen. Das ging lange so.

Wachsen und Werden!

Wie hat eine Frau zu sein? Lange habe ich in all

diesen Bereichen funktioniert. Solange, bis ich innerlich und äußerlich, ja auch gesundheitlich an Grenzen gekommen bin. Heute kann ich das mit einigem Abstand betrachten.

Vieles ist durch mein Erkennen, durch meine Bewusstseinsarbeit hochgekommen. Ich bin sehr dankbar dafür nun zu wissen, wie Konditionierungen und Strukturen wirken. Nur so kann man sich selbst aus den Fängen von Mustern, Interpretationen und Leidensprogrammen befreien.

Es ist oft ein mühsamer Weg. Oft ... sehr oft habe ich mich so allein gefühlt mit all diesen Themen. Mit dem Gefühl, dass etwas nicht stimmt mit mir. Jetzt weiß ich, dass meine Seele zu mir gesprochen hat. Sie wollte und will, dass ich mich befreie.

Konditionierungen und Muster!

Das dadurch entstandene Selbstbild hat in allen Bereichen meines Lebens gewirkt. Ist somit einfach unbewusst abgelaufen. Gut, dass ich es geschafft habe, diese Kreisläufe zu unterbrechen. Ich bin täglich am Lernen. Diese Programme wirken tief. Die Natur des Lebens hat wieder Platz.

AUF DEM WEG

Die Bilder und Texte bieten Einblicke in den Umgang mit Gefühlen, mit Lebensthemen. Meine Einsichten und Ansichten haben sich sehr verändert. Und ich weiß, dass ich weiter auf dem Weg bin.

Wichtig ist es mir zu sagen, dass ich sehr viel Freude in meinem Leben habe durch die Malerei, durch die Kommunikation mit mir und der Natur .... Einfach durch mein neu gewonnenes Dasein. Das Vertrauen in mich selbst und in das, was ich tue, ist im Wachsen. Ich bin oft so erfreut, so erfüllt. Ja inspiriert. Dafür bin ich dankbar. Auch wenn ich mich erst noch mehr an mich – die neue Maria - gewöhnen darf!

BILDER UND TEXTE

In diesem Buch stelle ich meine Prozessbilder vor. Ich habe angefanen die Lebensthemen, die mich beschäftigt haben, zu malen. Durch die Farben und das Malen rückte mein Kopf mehr in den Hintergrund. Ich konnte mehr sehen. Ich spürte mich mehr. Mein Wahrnehmen wurde intensiver. Meine Verhaltensweisen, meine gedanklichen Abläufe, ... ja einfach wie ich mit mir in meinem Leben und dem Leben selbst umgegangen bin. Zeitgleich schrieb ich meine Gedanken, Eindrücke und Erkenntnisse auf. Daraus entstanden meine Texte.

RESÜMEE

Es ist schön, dass ich nun vieles ansprechen kann. Meine Lebenserfahrungen GEBEN mir unentwegt Einblicke in Lebensthemen. Dieses Buch ist für mich eine gute Möglichkeit um mitzuteilen, was ich finde. Ja und auch um zu teilen, was ich finde.

19

Mein 1. Bild: Meine Wunde

Wie bist du entstanden?

Ich hatte immer Angst so zu werden wie meine Mutter. Darum habe ich mich schon bald selber gesucht - mich als Frau.

Mein Frau-sein

Was macht mich aus?

Wie will ich als Frau sein?

Wie will ich als Frau leben und was ist mir wichtig?

FRAU SEIN – Mutter sein – Ehefrau sein – Meine Vorstellungen und Wünsche

Auf der Suche nach mir bin ich auf die Farben und das Freie Malen gestoßen.

Mein erstes Bild - meine Wunde - zeigt meine verletzte Weiblichkeit. 2012 fühlte ich mich bereit, dieses Thema zu malen. Meine verletzte Weiblichkeit zwischen Himmel und Erde!

Getragen wie von einem Vogel. Dieses Bild hat dadurch schon Leichtigkeit erhalten und viel von der Schwere der Verletzungen verloren. Himmel ist für mich wie die Brust, wie der Busen der ewigen Mutter in den Farben meiner Wunde, die so Heilung erhält.

Wie kann eine Wunde so strahlen?

Durch die Verbindung von Erde, Himmel und dem Leben. So fühle ich mich getragen und eingebunden in den Fluss des Lebens. Von der Wunde gehen so viele Lichtstrahlen aus, die die Welt erreichen möchten. Die Wunde möchte heilen. Wie kann das gehen?

Durch mehr Tiefe und erfüllende Kommunikation mit mir selbst und anderen. Durch mehr Verständnis mir selbst gegenüber und anderen gegenüber.

Durch bedingungslose Liebe „So sein zu dürfen wie ich bin"

Gelebte Nähe und Berührungen

Interesse an mir und meinem Leben

Anerkennung und Wertschätzung meiner eigenen Empfindsamkeit

Neuer Umgang mit den Unzulänglichkeiten anderer

Genügend Zeit

Ich schreibe mir Verletzungen von der Seele und bitte gleichzeitig die Seele um Unterstützung für Lösungen. Ich erwirke sinnvolle Grenzsetzung – da, wo es angebracht ist – durch konsequentes Handeln. Ich übernehme die Verantwortung für meine Wunde.

Jeder trägt die Verantwortung für seine eigene Wunde. Jeder kann sich selbst so annehmen und mögen mit seiner eigenen Wunde. Dadurch kann schon viel heilen.

Was wichtig ist: Ich stehe für mich ein. Ich bin für mich da. Ich sage ja zu mir.

Ich nehme mich selbst an der Hand. Verhaltensmuster entstehen durch eigenes Unvermögen, eigene Unzulänglichkeiten. Durch übernommenes, traditionelles Handeln. Durch Konditionierungen aus der Familie, der Schule, der Kindheit, der Gesellschaft. Durch unbewusstes Verhalten, wenig Grenzsetzung und sich selbst nicht genug spüren.

Ich – die Frau, die ich sein will – gehe weiter auf die Suche nach mir selbst. Wo ist die Maria, die mit mir durchs Leben geht? Die mich beschützt vor Verwundungen? Ich habe sie ein Stück weit gefunden und befreit. Diese Maria ist jetzt ein Teil von mir. Sie hat mir einen wertschätzenden Weg mit mir und anderen gezeigt.

DANKESCHÖN!

Mein 2. Bild: Mein Raum

In meinem momentanen Lebenschaos kommt es zum zweiten Bild: MEIN RAUM. Ich habe das Gefühl, keinen Ort zu haben, an dem ich sein kann. Ich möchte mich spüren. Nicht mehr überflutet werden von Gedanken, Gefühlen und Erwartungshaltungen anderer Menschen.

MEIN INNERER RAUM – Wurzelchakra ROT – Grenze zwischen den anderen und mir selbst. Wenn ich diese Grenze wahrnehmen kann, wenn ich sie wahre und bewahre, kann ich meine Lebendigkeit leben. Ich brauche diesen Raum um zu sein. Um bei mir zu sein. Um mich wohlfühlen zu können. Um mich aktiv, sicher und frei fühlen zu können. Ich erlaube mir, diesen Raum zu haben.

Es geht um meine Erlaubnis, diesen Raum zu haben.

Ich wünsche mir: Selbständigkeit, Annahme meiner Unsicherheit, meiner Verwirrung, meiner Irritation … Erlaubnis meiner Selbst. **Ich darf so sein wie ich bin**. Ich wünsche mir angenommen zu sein von mir und anderen. Ich wünsche mir wertgeschätzt zu werden von mir und anderen.

Ich erkenne: Wenn ich meinen Raum wahre und meine Grenzen einhalte, kann ich mich wieder verstanden, geliebt, respektiert, wahrgenommen, friedvoll fühlen. Ich spüre mein Herz. Erwartungen, Meinungen, Denkweisen anderer müssen außerhalb meines Raumes und meiner Grenzen bleiben. Ich bin verantwortlich für meine Grenzen. Ich lerne „nein" zu sagen. Das tut weh. Das will ich nicht. Oder ich sage: „das habe ich gern, das mag ich."

MEIN RAUM GEHÖRT MIR. Und jetzt darf ich lernen, gut für mich und meinen Raum zu sorgen. Hat überhaupt jemand in meinem Raum etwas verloren oder zu suchen?

Es entsteht ein Fluss der Klärung mit meinem BILD: DER RAUM.

WIE und WO fühle ich mich wohl?

WAS heißt MEIN RAUM?

WIE groß ist mein RAUM?

Gibt es einen HEIL-IGEN RAUM?

Wie komme ich zu einem genussvolleren, leichteren Leben?

VON INNEN HERAUS LEBEN.

Mit dem Herzen dabei sein. Frieden mit MIR selbst schließen. All das tun wo und wann ich mich wohlfühle.

In mir tauchen viele Fragen auf.

Was spielt mein Partner für eine Rolle?

Was macht mich lebendig?

Was hält mich lebendig?

Wann fühle ich mich wohl in der Nähe meines Partners?

Was spielt Geld für eine Rolle?

Wähle ich Mangel oder Fülle?

Was ist Fülle für mich?

Und so fließe ich weiter in meinem Fluss der

Klärung. Nach meiner Trennung beziehe ich eine eigene Wohnung:

Ein neuer Lebensabschnitt hat begonnen. Ich kann da sein und fühle mich wohl. Ich bin jetzt alleine; jedoch nicht einsam. Meine Malerei und meine Bilder erfüllen meinen Wohnraum. Das bereitet mir Freude und macht mich glücklich. Ich kann mich zurückziehen, fühle mich geschützt und habe Frieden.

Mein äusserer Raum! Ich kann mich erholen, zentrieren, zurücknehmen vom Lärm des Alltags, um mich selber zu hören, zu spüren. Mein äußerer Raum und mein innerer Raum sind nicht mehr getrennt. Sie ergänzen sich, befruchten sich. Eine gute, neue Kommunikation entsteht. Es ist Raum entstanden für alles, was bewegt**. Alles hat Platz!**

Ich habe erkannt, wie wichtig es ist, einen Raum für sich zu haben. Um zu erkennen: „Ich bin reich, denn ich kann mich für so viele Geschenke in meinem Leben bedanken! Ich bedanke mich für den Reichtum des Lebens in mir und um mich herum!"

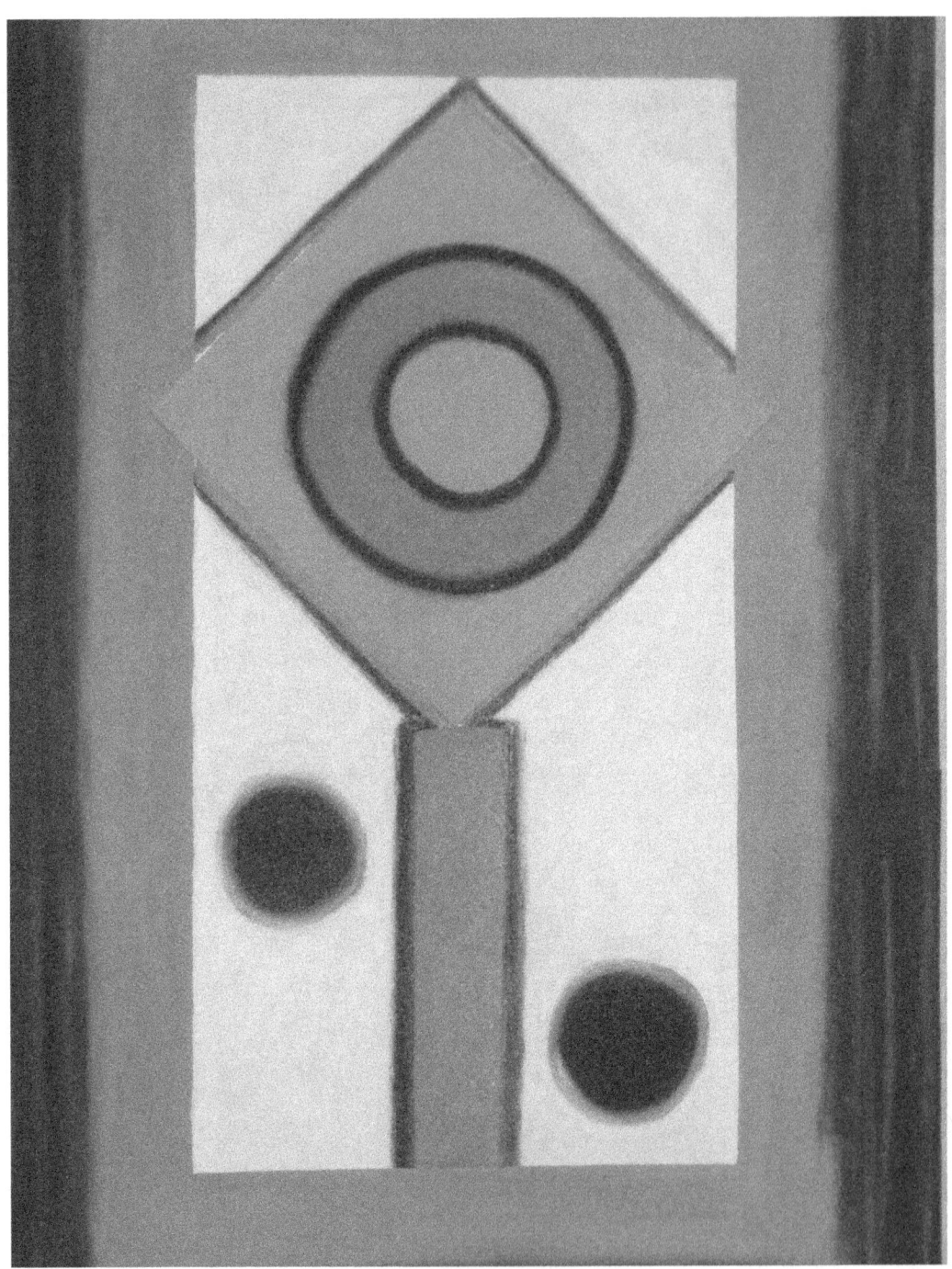

Mein 3. Bild: Eingesperrt sein – im Lebensfluss sein

Mein drittes Bild will Gestalt annehmen. Ich frage mich: „Was sperrt mich ein?"

Meine Gedanken!! Ängstliche Gedanken, sorgenvolle Gedanken. Aus dem Verdrängen belastender Angelegenheiten wird ein Gefängnis.

Welches Verhaltensmuster habe ich, mit diesen unguten Gedanken und Emotionen umzugehen? Welche Vorstellungen vom Leben? Welche Erwartungen an mich, an das Leben? Welche Hemmungen? Wie gehe ich mit all dem um?

BEKÄMPFEN UND ABLEHNEN

ODER

ANNEHMEN UND INTEGRIEREN

Was macht mich lebendig?

Ich wähle den Weg, mir Schritt für Schritt zu ERLAUBEN wie ich BIN. Durch mein Erlauben komme ich vom eigenen Stau „eingesperrt sein" zum „im Fluss des Lebens mitfließen".

Die eigenen Gefühle wie WUT, UNSICHERHEIT, ANGST .... **DA SEIN LASSEN! „JA"** DAZU SAGEN!

Diese unguten Gefühle haben auch positive Aspekte.

Unsicherheit – noch einmal genau schauen, um zu einer eigenen Sicherheit und Klarheit zu kommen.

Wut – zur Abgrenzung sehr wichtig!

Angst genauer betrachten, um ins Vertrauen zum Leben zu kommen. Ins Vertrauen zu MIR. ICH BIN **BESCHÜTZT UND GEFÜHRT!**

Mut, zu meinen eigenen Schwächen zu stehen! Versuchen, authentischer zu handeln!

Entscheidungen treffen können!
Jede Entscheidung hat seine eigenen Konsequenzen! Zu seinen eigenen Entscheidungen stehen!

Eingesperrt in den eigenen Gedankenstrukturen.

Es hat so zu sein, wie es immer war. Das fühlt sich ungut, eng an. Veränderungen können noch schwer zugelassen werden.

Lebendig sein fühlt sich gut, etwas freier an. Die Grenzen passen.

Es ist wichtig:
in mich hineinzuhören, was ich will.
Es zu fühlen.
Es zu tun.

Ich fühle mich eingesperrt, wenn ich meine Gefühle nicht ausdrücken kann. In Emotionen gefangen zu sein, hängen zu bleiben, stecken zu bleiben, sich hineinzusteigern........... engt ein. Wieder ins Fließen kommen............... befreit!

Ins Fließen komme ich, wenn ich mir erlaube zu handeln, nach meinem Gespür! Ich erlaube mir, dass auch die unguten Gefühle mich unterstützen.

Eingesperrt sein – ins fliessen kommen!

Mein Weg der Klärung bringt mich von „sich

eingesperrt fühlen" ins Fließen - Schritt für Schritt.

Ich brauche in keiner meiner Emotionen zu versinken. Ich habe für mich in meiner Selbstreflexion schon einen Weg gefunden, Schritt für Schritt die unguten Gefühle wie Wut, Angst, Traurigkeit ..., die mich in ihren Bann ziehen wollen, DA SEIN zu lassen.

In der Position des Beobachters habe ich den notwendigen Abstand, um mit meinen unguten Gefühlen konstruktiv umzugehen. So können wieder heilende Aspekte in den Herausforderungen des Lebens entstehen. Mein Herz ist der Chef, der Verstand der Mitarbeiter. Diese Ordnung macht Sinn. Ich habe es schon oft erlebt!

Aber auch bei schönen Gefühlen, wie verliebt sein, ist es von Vorteil, wieder in den Beobachterzustand zu kommen. Ansonsten sieht man alles nur durch die ROSAROTE BRILLE und übersieht wesentliche Dinge.

Der Weg der KLÄRUNG! Schritt für Schritt.

Was ich noch nicht klären kann, DA-SEIN lassen

und im Alltag achtsames Wahrnehmen üben. Wichtig ist noch, den RICHTIGEN ZEITPUNKT in einer Situation zu erkennen, um angemessen zu handeln. Wenn man in einer Situation steckt und Dinge unbedingt behalten, nicht verändern will, dann übersieht man oft, wenn etwas zu Ende ist, oder nicht mehr passt.

„Eingesperrt sein" wird transformiert mit der inneren Weisheit „Gnade und Liebe". Ich male einen Abfluss, um alles loszulassen, was NICHT LIEBE ist.

Die Idee mit dem Abfluss ist genial. Für mich ist das Loslassen jetzt leichter.

38

Mein 4. Bild: Der Paradiesvogel

Ich erkenne: Heilender Abstand ist wichtig in allen Herausforderungen des Lebens!

Mit Hilfe der Malerei kann ich meine unguten Gefühle wahrnehmen, da lassen und annehmen.

In diesem Bild zeigen sich neue Wege. Ich erlaube mir, meine unguten Gefühle zu spüren. So kann ich wieder fließen. Vorerst geht es um Themen wie Erlauben, Grenzen neu setzten, mehr Freiheit, Freiräume schaffen, einander achten, respektvoll miteinander umgehen.

Mein Raum, der Raum Anderer! Heilender Abstand!

Bei dem Entstehen meines Bildes schneide ich kleine Teile vom Papier aus und bemale sie. So fällt es mir leichter anzufangen.

Ich bin wütend auf meine eigene Situation. Ich habe das Gefühl, nicht gehört zu werden. Ich spüre Wut und Traurigkeit darüber. Jetzt erlaube ich mir diese Gefühle. Lasse diese Gefühle da sein. Steigere mich aber nicht hinein. Ich male weiter.

Im Bild entstehen zwei Räume:

Mein erster Raum: mein Innenleben, meine Naturverbundenheit, geerdet sein.

Mein zweiter Raum: mein Fließen, beweglich und kreativ sein.

Beweglichkeit und Geerdet-sein miteinander zu verbinden, ist eine Kunst. Ich kann es mir noch gar nicht vorstellen. Beides darf sein, wie es ist. Welche Räume ich nutze, um mir selbst zu helfen, mehr in Frieden zu sein oder etwas zu genießen,... ist meine Entscheidung.

Auf jeden Fall in keine OPFERHALTUNG gehen!

In diesem Bild sind viele Wellen. Das Leben fließt in Wellen. Ich höre jetzt auf zu malen. Jetzt kommt die Angst.

Ich weiß keinen nächsten Schritt.

Ich bin unzufrieden mit dem Bild.

Ich gehe einfach durch die unguten Gefühle durch. Dann kann sich alles lösen.

Vielleicht entsteht so eine annehmende, verzeihende Haltung.

Ohne Zwang und mit genügend Zeit entsteht der nächste Schritt bei meinem Bild. Ich stelle mir einen Vogel vor, der von den wellenförmigen Luftströmungen getragen wird. Der Vogel ist ein schönes Symbol für Leichtigkeit und Vertrauen. Ein Sich-eingebunden-fühlen in die Natur.

Ich erlaube mir, das Bild immer wieder stehen zu lassen. Warte, bis ich den nächsten Schritt weiß und wieder Lust auf das Malen habe. Dann geht mir alles leichter und schneller von der Hand.

Das Bild ist fertig. Ich staune. Es ist tatsächlich ein Vogel entstanden. Ich freue mich sehr darüber.

Die Malerei ist die Quelle meiner Lebensfreude und Selbstreflexion. Die unguten Gefühle können mich so konstruktiv unterstützen im Alltag.

Dankeschön!

42

Mein 5. Bild: Meine Ängste

Mein fünftes Bild entsteht!

Ich beginne zu malen. Meine innere Unruhe kommt. Ich entdecke: Diese Unruhe braucht körperliche Bewegung, um wieder zur Ruhe zu kommen. Hinter dieser Unruhe tauchen jetzt verschiedene Ängste auf.

Meine Ängste schießen quer. Das bringt mich durcheinander und macht mich machtlos. Angst zu spüren, ist nicht einfach für mich. Das ist sehr herausfordernd und anstrengend. Da gibt es einiges zu lernen.

Ich fange an zu sehen: Ich kann mich selbst entscheiden, ob ich in diese Angst einsteige, oder sie mit dem notwendigen heilenden Abstand wahrnehme. Ob ich sie stehen lasse bzw. sie frage: „Was hast du mir zu sagen?"

Meine größte Angst ist, in eine Opferhaltung zu geraten und nicht selber entscheiden zu können. Diese Angst ist alt. Es hat sich schon viel verändert. Meine Seele, mein Körper, mein Geist haben mir Schutzmaßnahmen und Hilfsmittel zur Verfügung gestellt bzw. aufgezeigt.

Ich kann die Ängste schon mehr da sein lassen, ohne das Gefühl zu haben, dass sie mich abstellen oder gar umbringen.

Ich kann Angst schon manchmal vorsichtig und achtsam stehen lassen. Es gelingt auch, sie gehen zu lassen.

Außerdem kann ich durch meine Unzulänglichkeiten wie Unzufriedenheit, innere Unruhe, Unsicherheit, Zweifel usw. lernen.

Meine weiteren Ängste sind:

NICHT GELIEBT ZU WERDEN

NICHT GUT GENUG ZU SEIN

NICHT KLUG GENUG ZU SEIN, SO WIE ICH BIN

Aber ist es nicht auch Größe, sich den eigenen Schwächen zu stellen und sie anzunehmen?!

Mich beschäftigt, was ich brauche, um mich mit mir wohl zu fühlen. Mich in einer Partnerschaft wohl zu fühlen.

MIR DARF ES GUT GEHEN.

Mich selber verwöhnen ist gut!

Sich gegenseitig zu verwöhnen, ist gut!

Zärtlichkeiten, Umarmungen, Streicheleinheiten, Lebens-lust, Lust am Leben...

Das Gefühl „ich habe etwas falsch gemacht" oder „ich bin nicht gut genug" entsteht, wenn ich mich nicht gehört fühle.

Wenn ich mich überfordert fühle, kommt die Wertlosigkeit. **ICH BIN ZU JEDERZEIT WERT-VOLL**! Diesen neuen Gedanken darf ich jetzt integrieren.

Unreflektierte Schuldzuweisungen verletzen mich noch sehr. Eine Entschuldigung würde gut-tun!?

Wenn mir Respekt, Wertschätzung, das Gefühl so sein zu dürfen, wie ich bin mit all meinen Unzulänglichkeiten entgegengebracht wird, bzw. wenn ich mir das selber schenke, fühle ich mich geliebt!

SELBSTLIEBE UND SELBSTAKZEPTANZ! DAS EIGENTLICHE THEMA!

Eine wichtige Frage taucht auf:

REALITÄT, VORSTELLUNGEN, IDEALE, MUSTER, ...? Wie sind die Zusammenhänge?

Ich weiß es im Moment nicht und gehe weiter in meiner Aufarbeitung!

48

Mein 6. Bild: Meine Ängste - transformiert!

MEIN sechstes BILD entsteht!

Ich male wieder Augen und nehme dabei andere Farben.

Rot für das Feuer, hellblau für den Himmel.

Durch das helle Blau wirken die Augen weich und beruhigend. Der Himmel in den Augen ist sichtbar. In die Mitte des Bildes male ich mein Inneres Auge. Dieses Auge ist rot. Ich glaube, dort liegt das Feuer meiner Schöpferkraft, die Leidenschaft und Lebensfreude.

Es tauchen dazu Fragen auf:

Für „WAS" brenne ich?

Für „WAS" schlägt mein Herz?

Für „WAS" setze ich mich in meinem Leben ein?

Ich kann selbst entscheiden: folge ich meiner Angst oder folge ich meiner tief in mir liegenden Schöpferkraft und Lebensfreude!

Ich habe entdeckt: wenn ich meiner Schöpferkraft folge, tritt meine Angst mehr in den Hintergrund, sie wird weicher. So komme ich mehr und mehr ins VERTRAUEN. Vertrauen in mich und ins Leben. Das Leben meint es gut mit mir. Ich glaube, man kann auch sagen: diese Schöpferkraft liegt in meinem Herzen.

Momentan habe ich Angst vor NEUEM!

Wie und mit welchen Schritten kann ich diese Angst beruhigen?

MENSCH ERKENNE UND HÖRE DICH SELBST!

Vertrauen darauf, dass ich die Stimme meines Herzens höre!

Vertrauen auf mich, und dass ich die richtigen Hilfsmittel zur Verfügung habe!

Vertrauen in Gott und das Leben! **ALLES IST GUT!**

Ich erkenne mit diesem Bild, dass es wichtig ist, die Angst DA SEIN zu lassen. Wenn ich sagen kann: „ja ich habe eine scheiß Angst", dann verliert die Angst ihr schreckliches Gesicht und wird weicher. So kann die Schöpferkraft unter der Angst zum Vorschein kommen. Meine Schöpferkraft war so zurückgedrängt, eingesperrt, vergraben … unbewusst.

Jetzt beginne ich, sie zu fühlen. Das ist ein großer Schritt. Ich fange an auf meine Weise, in meiner Art, zu verstehen, was Schöpfer- und Mit-schöpfersein bedeuten kann. Dieses Erleben ist sehr neu und ich wünsche mir mehr davon. Obwohl ich weiß: Das verlangt nach meinem ganzen Mut.

ICH DARF MICH SELBST NEU ERLEBEN.

ICH DARF MUTIG SEIN.

ICH TRAUE MIR VERÄNDERUNG ZU.

ICH STEHE FÜR MICH EIN.

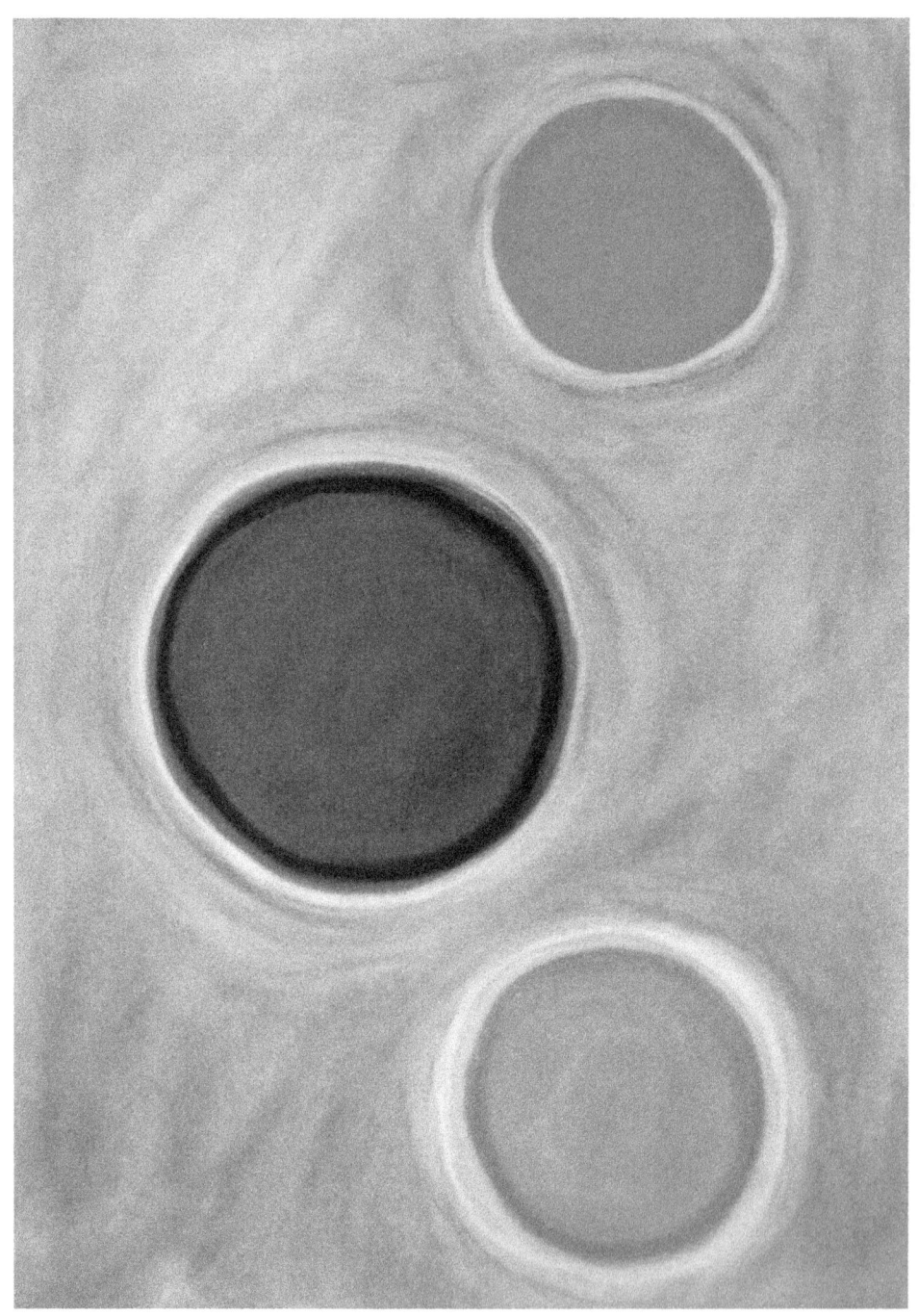

52

Mein 7. Bild: Unsicherheit

Ich male Unsicherheit. Durch meine große Unsicherheit entsteht Hilflosigkeit, Verzweiflung und schlechtes Gewissen.

Mein Bild hat drei Kreise in verschiedenen Größen und Farben. Die Kreise schauen aus, als würden sie in einem nebeligen Weltall herumtreiben … bodenlos, ankerlos, ziellos, umherirrend, freudlos, ahnungslos, entscheidungsschwach. Diese Kreise stellen meine Schwächen bzw. unguten Gefühle dar. Da ich mich immer wieder so stark angepasst habe an andere und an die Lebensvorstellungen anderer, habe ich mich immer wieder selbst verloren. Kein Vertrauen mehr in mich und das Meine gehabt.

Ich suche nach einem Anker in meinem Leben! Ich suche nach einer Verbindung mit mir selbst.

Ich habe mich mit meiner Unsicherheit beschäftigt. Durch diese Auseinandersetzung habe ich viel über mich und das Leben gelernt. Ich habe mich gefragt: „Wo und wie bin ich manipulierbar?"

Wichtig ist für mich, Schritt für Schritt die Verbindung zu mir selbst zu entwickeln, zu halten und mehr werden zu lassen.

Werkzeuge zur Selbsthilfe entdecken.

> Hilfe zur Selbsthilfe holen
>
> Gut für mich selbst sorgen
>
> Einen Anker in mir selber finden – in mir mit mir sein können
>
> Meine eigenen Bedürfnisse kennen lernen
>
> Verschiedene Herausforderungen genau betrachten, das schafft Sicherheit.

Die Betrachtung meiner Lebensthemen lässt mich erfahren, dass ich aus der Unsicherheit und Hilflosigkeit herausgehen kann. Es geht immer wieder darum, mich auf mich selbst einzulassen und mir selbst zu vertrauen.

Die Erlaubnis so sein zu dürfen wie ich bin, ist ein neues Werkzeug. Das stärkt mein Herz. Mein größter Segen ist, meinem eigenen Herzen zu vertrauen, es zu spüren. Mein Herz ist in

Kontakt mit meinem Körper, meiner Seele und dem Himmel. Das tut gut.

Hilflosigkeit erzeugt sehr viel Schmerz und Opferhaltung.

Da ist noch mein schlechtes Gewissen:

Darf ich mich wohlfühlen?

Darf ich mich verändern?

Darf ich Bedürfnisse haben und sie mir erfüllen oder erfüllen lassen?

Darf ich so sein, wie ich bin und nicht so, wie mich meine Umwelt haben möchte?

ES IST GUT, MIT MIR ZU SEIN.

Mein 8. Bild: Meine Oasen

Der blaue Kreis in meinem Bild stellt mein schlechtes Gewissen dar.

Ich habe im Lauf meiner Entwicklung Tabus gebrochen. Von einer angepassten Frau reife ich zu einer Frau, die zu sich selbst steht. Die authentischer in ihrem Umgang mit sich selbst und anderen wird. Dem eigenen Gespür nachgehen! Ich lerne, nicht gleich zu urteilen, sondern auch die Hintergründe – **DAS WIESO** – miteinzubeziehen.

Und mich den Fragen zu stellen:

Was suche ich im Leben?

Was finde ich im Leben?

Für mich zu sorgen ist wichtig.

Mich selbst nicht mehr im Stich lassen. Ich bleibe so gut es geht bei mir und lerne, mir treu zu sein. Ich stoße immer wieder an meine eigenen Blockaden und Begrenzungen durch mein Denken. Tabus, Grenzen und Vorstellungen wie ich sein soll bzw. wie eine Frau zu sein hat.

Eine Begrenzung ist: Ich kann nicht auf meinen eigenen Füßen stehen. Ich komme zu dem Punkt, wo ich meine Eigenständigkeit und Selbständigkeit in vielen Lebensbereichen verloren habe. Ich habe mir nicht mehr zugetraut, für mich selbst zu entscheiden. Massive Überforderung und Kontrolle im Außen setzen mir immer mehr zu. Die Wege anderer sollen mein Weg sein! Hilfe ...

Ich gehe von dem Gedanken **darf ich?**

zu **ich erlaube mir**:

wohl fühlen!

Handlungen, die Klarheit einfordern und Klarheit in die verschiedenen Situationen bringen!

zu meinen Gefühlen wie Wut, Traurigkeit, Verzweiflung zu stehen!

alle guten und unguten Gefühle anzuneh-men und deren Auswirkungen genau zu betrachten!

Ich schaffe mir verschiedene OASEN, wo RUHE, BEWEGUNG, WUT, TRAURIGKEIT, LEBENSFREU- DE .... SEIN DARF! Wo ich Kraft zur Bewälti- gung des Alltags tanken darf und kann!

Ich beginne, meine BEDÜRFNISSE wahr und ernst zu nehmen! Ich teste verschiedene Wege aus, wie ich meine BEDÜRFNISSE NACH NÄHE, MITEINANDER, KOMMUNIKATION erfüllen kann. ICH DARF DAS.

60

61

Mein 9. und 10. Bild: Schönheit

Ich fange an, kleine Teile zu malen und klebe sie auf zwei Papierbögen auf. Dann umrande ich diese Teile mit Farben, die mir gefallen. Es entstehen zwei Bilder. So kann sich Schritt für Schritt auch meine Kreativität entfalten.

Ich darf meine Meinung über mich: „Ich bin nicht kreativ" ändern in: „ich versuche Mittel und Wege zu finden, um meine Kreativität bzw. Schöpferkraft zu aktivieren". Ich entdecke, dass Kreativität Bewegung ist. Auch mein Geist bewegt sich! Ich bin offen für neue IDEEN!

Einfach aus der FREUDE am MALEN entstehen zwei Bilder. Ich empfinde dieses schöpferische Arbeiten so erfüllend, dass ich diese Bilder SCHÖNHEIT nenne. Dieses schöpferische Arbeiten ist EINFACH, LEICHT, FRÖHLICH, SPIELERISCH, LUSTVOLL ....

Diese Art von Intensität und Freude ist neu für mich. Dies kann ich gar nicht in Worte kleiden. Es ist ein besonderes Erleben.

DANKE, DASS ICH DIESES FREIE MALEN ENTDECKE!

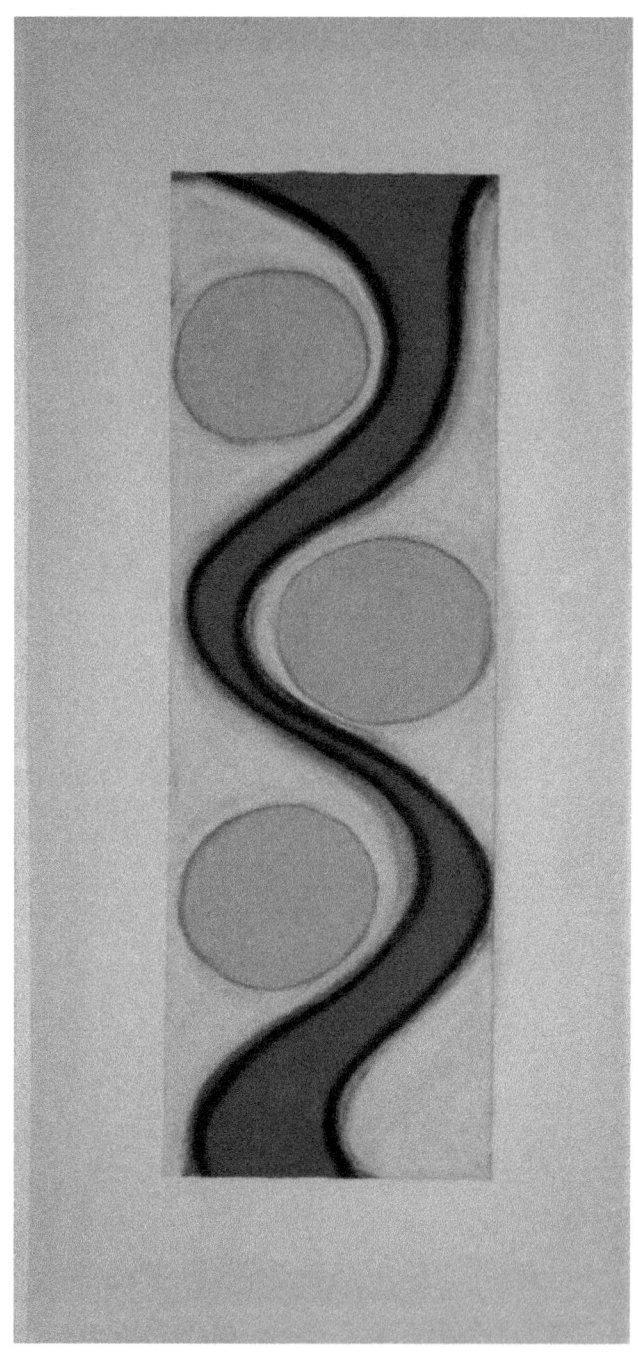

64

Mein 11. Bild: Mein Weg und seine Oasen

Mit diesem Bild erkenne ich, dass ich die ER-LAUBNIS, mir verschiedene OASEN im Alltag einzubauen, integriert bzw. umgesetzt habe. Es sind diese Oasen, die mir KRAFT im Alltag schenken.

Mit einer Leichtigkeit und Freude genieße ich, diese Oasen in meinem Leben zu haben.

Eine sehr freudvolle OASE ist das **FREIE MALEN**. Mit dem Freien Malen bin ich ganz nah bei mir. Bei meinen Unzulänglichkeiten und Verhaltensmustern, bei meiner Liebe, meinem Frieden.

Es ist nicht immer ganz leicht, diese Unzulänglichkeiten zu erkennen, anzunehmen, DA SEIN zu lassen, und oft muss ich mir wieder den WEG zu meiner LEBENSFREUDE FREI MALEN!

Ich merke aber immer wieder: **ES ZAHLT SICH AUS**!

Eine weitere wertvolle OASE ist die **NATUR**!

BEWEGUNG und SEIN in der NATUR ist sehr erholsam und erfüllend.

Die dritte und auch sehr wertvolle OASE ist **Kommunikation**. Sich alles von der SEELE zu schreiben, zu malen oder zu reden, tut sehr gut. Wenn man Verschiedenes ausgesprochen hat, ist so manches leichter und evtl. wird ein nächster Schritt sichtbar.

All das habe ich auf meinem Weg erkannt und integriert. Um mich seelisch, geistig und körperlich wohl zu fühlen. Es werden so viele meiner Bedürfnisse erfüllt!

MEIN WEG WIRD SICHTBAR.

68

Mein 12. Bild: Liebes Leben- Liebesleben Körper-Liebe

In diesem Bild möchte ich meine Sehnsucht nach einer Beziehung mit meinen eigenen Wertvorstellungen ausdrücken.

Was ist mir in einer Beziehung wichtig:

Gemeinsame Werte

Respektvoller Umgang mit sich selbst und dem Partner

Gegenseitige Wertschätzung

Ein Liebesleben, wo man achtsam miteinander umgeht

Gute Kommunikation

Diese Wünsche sind eng mit meinem Herzen verbunden! Ich spüre noch alte Schmerzen und gleichzeitig Veränderungen. Ich wünsche mir wieder Vertrauen in eine partnerschaftliche Beziehung zu entwickeln. Das heißt, ich darf mich selbst noch mehr kennenlernen!

Ich bin es wert, geliebt zu werden.

Im Körper WOHL SEIN und fließen. DIE LIEBE

UND VERBINUNG ZU MEINEM KÖRPER entwickeln und nähren.

Die Einstellung zum eigenen Körper ist mir wichtig. **Ich möchte meinen Körper wie meinen Freund behandeln**. Meinen Körper verstehen und wertschätzen. Er ist ein Kunstwerk. Meinen Körper hören und spüren, gut für ihn sorgen.

Körperliche Liebe und Nähe ist eine Art von LEBENDIGKEIT. Ein großes Geschenk der Liebe in einer Partnerschaft.

LIEBES LEBEN HEILUNG

KÖRPER SEELE GEIST EINS

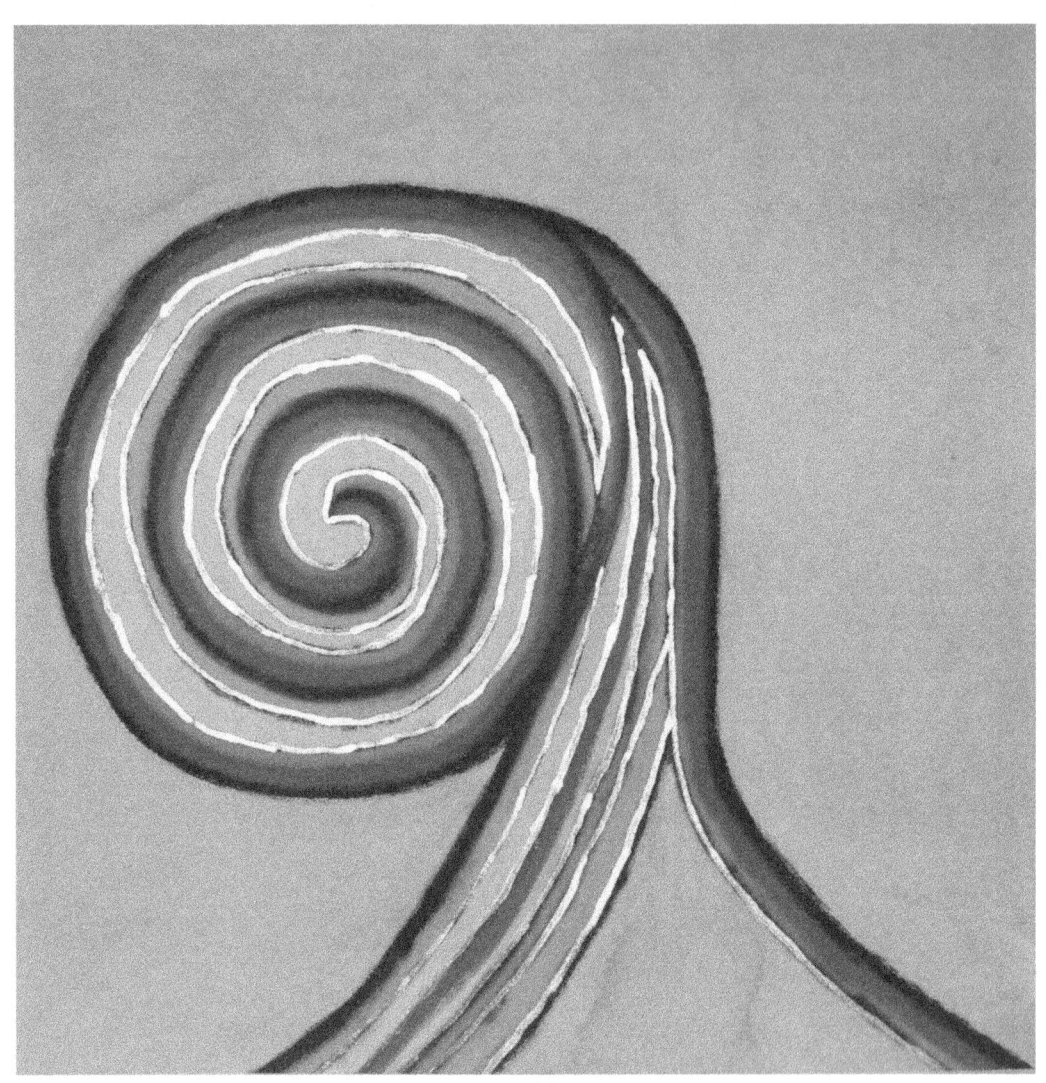

Mein 13. Bild: Mein Schneckenhaus

Dieses Bild hätte ich beinahe nicht ins Buch mit aufgenommen, weil es mir zu wenig schön vorkam. Dabei ist es so wichtig! Es zeigt mir mein Verhaltensmuster!

Wenn ich traurig, sorgenvoll oder mit einer Situation überfordert war, flüchtete ich in mich hinein. Ich verkroch mich in mir. Nenne es Schneckenhaus. Mein Versteck! Einerseits fühlte ich mich geschützt, andererseits eingesperrt, abgeschnitten von der Außenwelt. Und von mir selbst. Das wusste ich aber zu diesem Zeitpunkt noch nicht. Das war meine alte Strategie. Ich konnte nicht mit den Herausforderungen meines Lebens umgehen.

Ich entdecke, dass es gut ist, eine Zeit lang im Schneckenhaus zu sein. Ich erkenne es als Rückzugsort an. So hat es eine andere Qualität bekommen. Ich sehe, dass ich nur nicht hängenbleiben darf!

Ich brauche jemanden zum Reden über mich und meine Anliegen. Jemanden, der mir wirklich zuhört und mich lässt, wie ich bin. Dann wird meine Traurigkeit oder Sorge schon leichter.

ICH GEHE ... immer wieder, Schritt für Schritt aus dem Schneckenhaus heraus, damit ich wieder teilnehmen kann am Leben.

Zuerst ist es wichtig, diese Blockade von „ICH KANN NICHT MIT MEINEN GEFÜHLEN bzw. DIESER SITUATION UMGEHEN" zu erkennen. Um etwas verändern zu können.

Wenn ich diesen Gedanken der Sicherheit „ICH KANN ES" wieder habe, finde ich auch den Mut, mir den HEILSAMEN ABSTAND zu den Herausforderungen im Leben zu suchen und zu finden.

Jetzt bin ich mehr der BEOBACHTER meiner Gefühle. So kann ich selber entscheiden, wie ich damit umgehe. Das Gefühl bestimmt nicht mehr über mich. Es ist ein Lernprozess.

ES TUT GUT, MEINE ENTWICKLUNG WAHRZUNEHMEN.

76

Mein 14. Bild: Zerrissen sein – Ganz werden

HIN und HER gerissen sein...

Zwischen dem, wie ich als FRAU sein will und dem, wie eine FRAU nach traditioneller und gesellschaftlicher Sichtweise zu sein hat.

Zwischen meinen Erwartungen an mich und dem, was tatsächlich jetzt passt.

Zwischen Illusionen und innerer Wahrheit.

Zwischen den Erwartungen, die andere an mich herantragen, und erfüllbaren Möglichkeiten.

GANZ werden - GANZ sein

In Kontakt kommen mit meinem authentischen Inneren. Mit dem neuen Vertrauen in MEINE GEFÜHLE! DANKE für diesen EINBLICK!

Durch das Auseinandersetzen mit meinem alten Frauenbild und meinen Vorstellungen und Wünschen entsteht ein neues Frauenbild.

Es ergeben sich Fragen:

Wie gehe ich mit meinen Erwartungen und den Erwartungen anderer an mich um?

Was genau sind meine Erwartungen an mich und die Erwartungen anderer an mich?

Ich erkenne, dass ich die Erwartungen anderer und mein altes Frauenbild nicht erfüllen kann.

Nur wenn ich mich selber als Frau nicht wahr- und ernstnehme ist dies möglich!

In der Auseinandersetzung mit den unguten und guten Gefühlen entsteht ein neues SELBSTBILD.

Ich reife von der ERWARTUNGSERFÜLLERIN zu „ICH STEHE FÜR MICH EIN"!

Je besser ich mich selber kenne und meine eigenen guten und unguten Gefühle annehmen kann, desto AUTHENTISCHER kann ich mit mir und anderen sein.

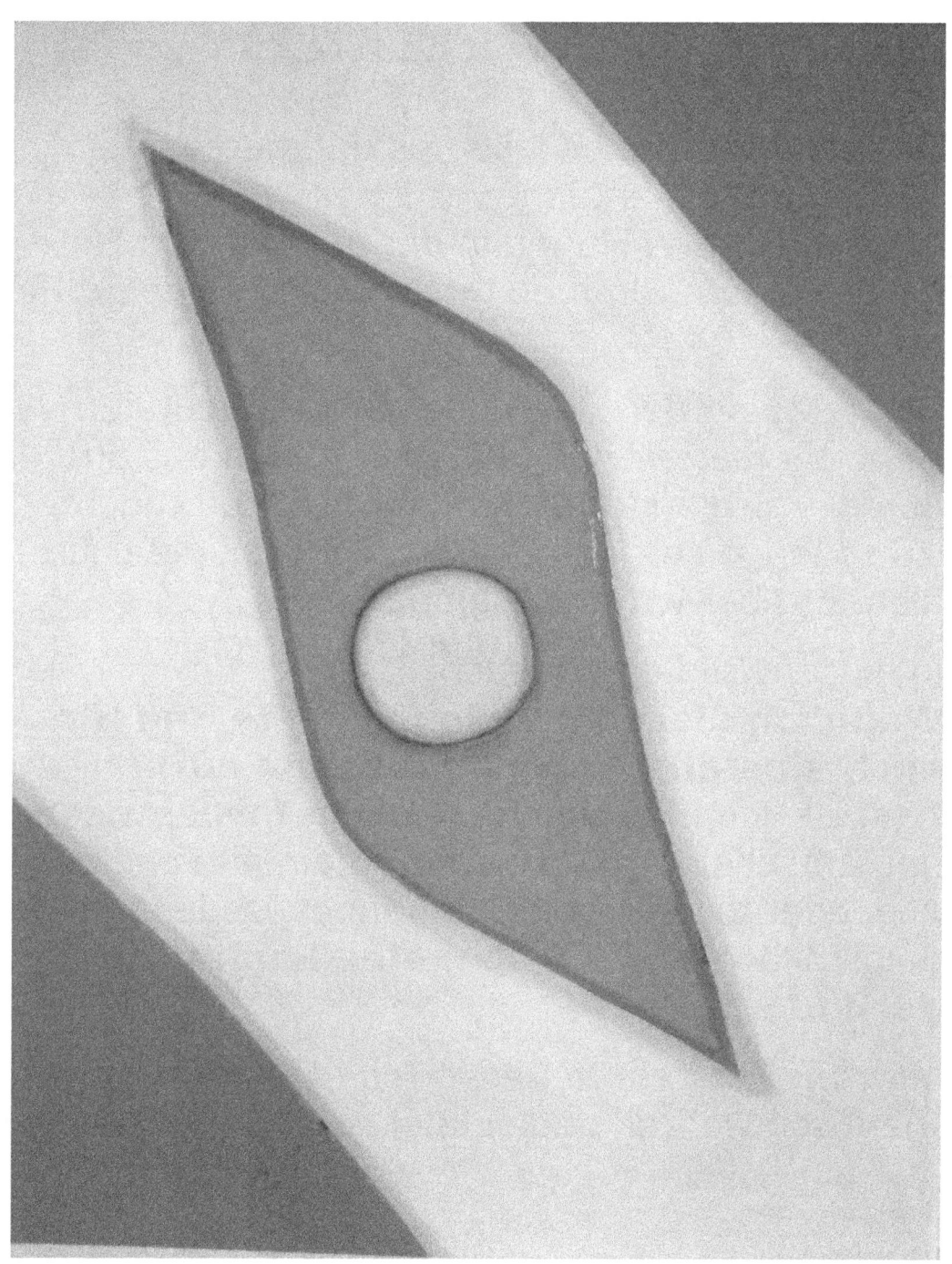

81

Mein 15. Bild: Leicht wie ein Vogel

Ich schneide wieder Teile aus und gestalte ein neues Bild! Ich erkenne: es ist ein Vogel, im Luftstrom, ohne Flügel, in der Ausrichtung zur Erde und zum Himmel. Der Vogel hat eine große MITTE!

Die herausfordernden Auseinandersetzungen – Hauptthema: „was ist das meine, was das anderer" - sind sehr anstrengend. Und oft möchte ich so leicht sein wie ein Vogel! Durch die Luft fliegen! Aber wo sind meine Flügel?

In diesem Bild erkenne ich:
Wenn ich diese Mitte in mir finde und für mich einstehe, wird mein Leben authentischer. Ich muss mich allerdings immer wieder neu entscheiden. Gehe ich in mein altes Selbstbild, oder folge ich dem neuen, etwas leichteren Selbstbild! **Kann ich so meine Flügel wiederfinden?**

Vertraue ich dem Neuen in mir? Für mich ist authentisch werden und sein eine große Aufgabe.

Mein 16. Bild: Mein Lebensfluss

MEIN WEG – LICHT AUF MEINEM WEG!

Bei diesem Bild nehme ich einfach den Rest von einem Papier, das aussieht wie ein Fluss. Diesen Teil male ich violett (Veränderung) an. Dann versuche ich, diesen Fluss auf ein großes Bild zu kleben. Durch die Farben grün (Heilung), rot (Feuer), gelb (Licht) wird dieser Fluss etwas leuchtender. Es ist auch noch wichtig, wie ich diesen Fluss aufklebe.

Zuerst probiere ich mir vorzustellen, wie dieser Lebensfluss mit meinem Partner aussehen könnte. Dieser Fluss fühlt sich relativ schwer an. Dann stelle ich den Fluss mit mir dar. Die Energie des Flusses fühlt sich frei, klar, fließend, rein, leicht, mühelos, einfach an.

Ich habe Lust am Leben, Lust, mich auf mein Leben einzulassen. Lust darauf, meine eigene Enge in Weite zu verwandeln. Ich erlaube mir, auf mich und meine Gefühle zu hören.

Wenn diese Energie keinen Raum bekommt,

kann es leicht zu Depressionen bzw. sich eingesperrt fühlen, kommen.

Ich erkenne: auf meinem Lebensweg bzw. in
meinem Lebensfluss spielt auch das Vertrauen
in die göttliche Kraft und in mich eine große Rolle. Ich sage mir immer wieder: „ICH BIN BE-
SCHÜTZT UND GEFÜHRT!"

Ich möchte diese immer wieder mal spürbare
Lust am Leben mitnehmen auf meinen Lebensweg und integrieren!

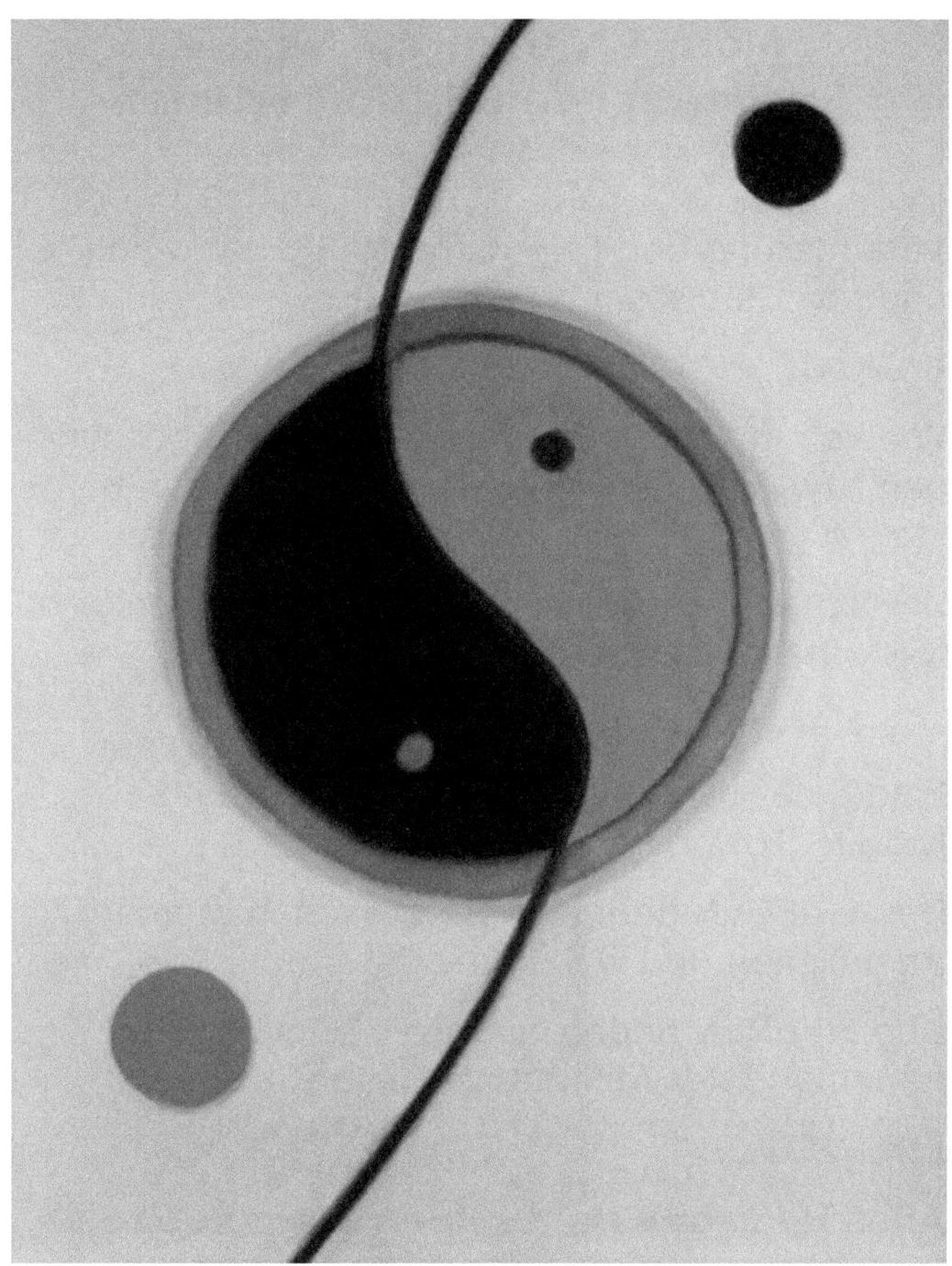

Mein 17. Bild: Yin Yang – Ausgeglichenheit und Frieden

Ich male ein YIN YANG-Symbol in der Farbe der Veränderung und Lebensfreude (Feuer). Violett und rot. Gelb steht für das Licht.

Fragen:

Wie komme ich in Frieden mit den Veränderungen bzw. Herausforderungen, die das Leben stellt?

Wie schaffe ich Ausgeglichenheit zwischen herausfordernden Energien?

Die Herausforderungen sind:

Eine Balance schaffen zwischen TUN und NICHTS TUN.

Den FRIEDEN finden in mir zwischen meinen männlichen und weiblichen Energien.

Den FRIEDEN finden zwischen unguten Gefühlen und der Ablehnung dieser Gefühle.

EIN WEG ...

Alles im Leben darf seinen Platz haben.

Die eigenen Gefühle anerkennen, anneh-men und DA-SEIN lassen. Und auch wieder gehen lassen. Durch diese Art mit meinen Gefühlen umzugehen, erhalte ich mehr Raum für mich in mir. Ich kann eine BA-LANCE in mir finden.

Das Ablehnen der unguten Gefühle deprimiert. Eine Negativspirale zieht nach unten. Angst davor, nicht mehr herauszukommen, wächst.

Das Bewusstsein für den Ablauf dieser Prozesse – von der Ablehnung in die Annahme – hilft enorm. Eine neue Stabilität entsteht.

In mir ist eine Kraft, die mir sagt: „Ich bin den Herausforderungen des Lebens gewachsen." IN MIR IST DIESE KRAFT - NICHT AUSSERHALB. Nur ich selbst kann mich immer wieder daran erinnern.

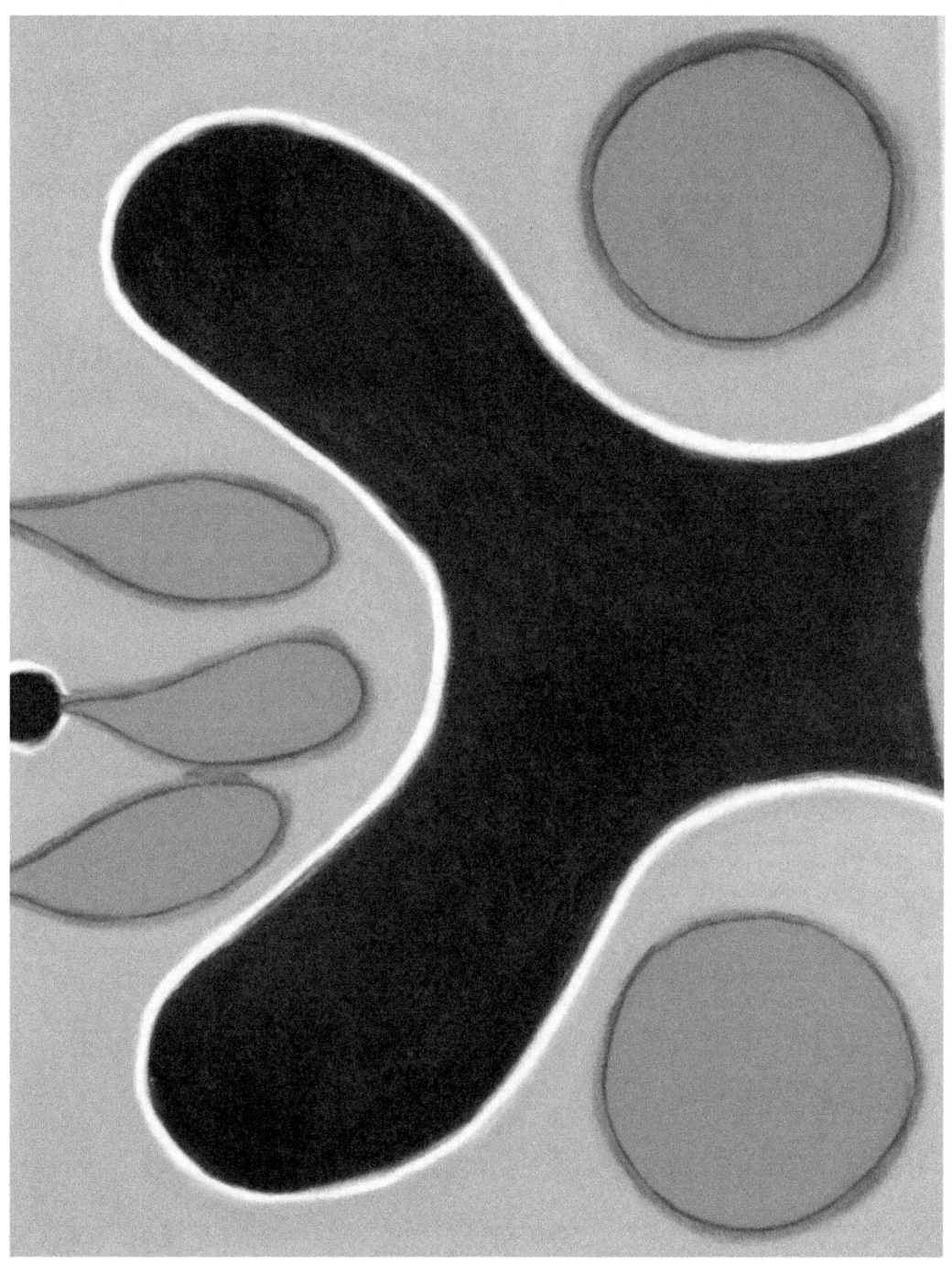

91

Mein 18. Bild: Die Feuerschale

Als ich anfange dieses Bild zu malen, frage ich mich zuerst: „Wo liegt mein Feuer in mir?" Nach kurzem "Hinspüren" fühle ich: Mein Feuer liegt in meinem Becken.

Ich spüre meine Schaffenskraft und Kreativität in mir. Ich möchte in meinem Leben etwas ER – SCHAFFEN, was mich erfüllt, erfreut, mich zufrieden macht.

Welche Wünsche möchte ich mir mit Hilfe der göttlichen Kraft in meinem Leben erfüllen?

Es geht um meine Schöpferkraft. Ich möchte sie mehr spüren und mich von ihr leiten lassen. Ich möchte meiner Schöpferkraft folgen.

DIE WIEDERANBINDUNG AN DIE GÖTTLICHE KRAFT IST MEIN HERZENSWUNSCH.

ICH DARF EMPFÄNGLICH SEIN.

BEFREIUNG DER WEIBLICHKEIT UND DER WEIBLICHEN KRAFT:

Hier geschieht eine Öffnung.

In dieser Zeit des „Mich-Öffnens" fühle ich mich

oft sehr angestrengt. Ich brauche viel Kraft, um dabei zu bleiben. Um mich weiter einzulassen, auf das, was sich zeigt. Ich bin auch überrascht und berührt. Manchmal fühle ich mich von der Intensität des Fühlens und Sehens überwältigt. Es stärkt mich ungemein, wenn ich mich mit Menschen austauschen kann, die mich verstehen. Es wird mir immer klarer, wie wichtig umsichtige und liebevolle Kommunikation ist.

Es ist in Ordnung, sich zu zeigen.
Es ist in Ordnung, nicht perfekt zu sein.
Es ist in Ordnung, sich selbst kennen zu lernen.

Im Bekannten zu bleiben ist einfacher ... für mich jetzt aber nicht mehr passend.

MEINE FEUERSCHALE – ICH ÖFFNE MICH FÜR MICH: Mein Feuer! Es brennt für mich. Ich darf mein Lebensfeuer haben. Ich habe ein Recht darauf, mein Leben in meine Hände zu nehmen.

95

Mein 19. Bild: ich brenne

Wie kann meine Flamme brennen und geschützt sein?

Ich habe Angst, dass meine Flamme erlischt. In diesem Bild wähle ich das Violett (Veränderung) als Schutz für die Kerze und ihre Flamme. Diese Kerze darf leuchten und das Licht in die Welt hinaustragen.

Wie schütze ich meine Flamme?

Ich darf brennen.

Ich darf brennen für das, was mir wichtig ist.

Auch wenn andere damit nicht umgehen können. Es geht um mein Leben. Mein Licht zeigt mir den Weg und ich darf lernen, diesem Weg mit seinen neuen Gesichtern und Führungen zu vertrauen. Ich bestimme, was mir wichtig ist. Mein Leben darf sich so entfalten. Darf sich so erneuern.

Mich selbst schützen lernen! Das ist die wesentliche Aussage dieses Bildes.

Schutz vor Entwertung, vor Unverständnis, vor Anfeindungen, vor Ausgeschlossen-sein, vor Liebesentzug … und mehr taucht auf. Das sind die Sachen, über die man nicht redet. Aber jeder kennt sie!

ICH ACHTE AUF MICH.
AUF MICH UND MEINE FLAMME.

Mein 20. Bild: Ich strahle

Ich empfinde die Farben, mit denen ich dieses Bild male, viel weicher und feiner. Das kenne ich so noch nicht. Vielleicht finde ich jetzt die feinen Nuancen in meinem Leben. Entfaltet sich jetzt dieses Wohlfühlen mit mir selbst?

Dieses Bild wirkt von Anfang an anders auf mich. Es ist so EIGENARTIG. Das Bild berührt mich voll und doch kann ich nicht sagen, was es genau ist. Es gefällt mir sehr, bleibt aber in einer Art Wortlosigkeit. Auch das darf sein. Auch ohne in Worte gekleidet zu sein, wirkt es.

ES WIRKT ...

JA IHR LIEBEN – ICH STRAHLE.

So ist es.

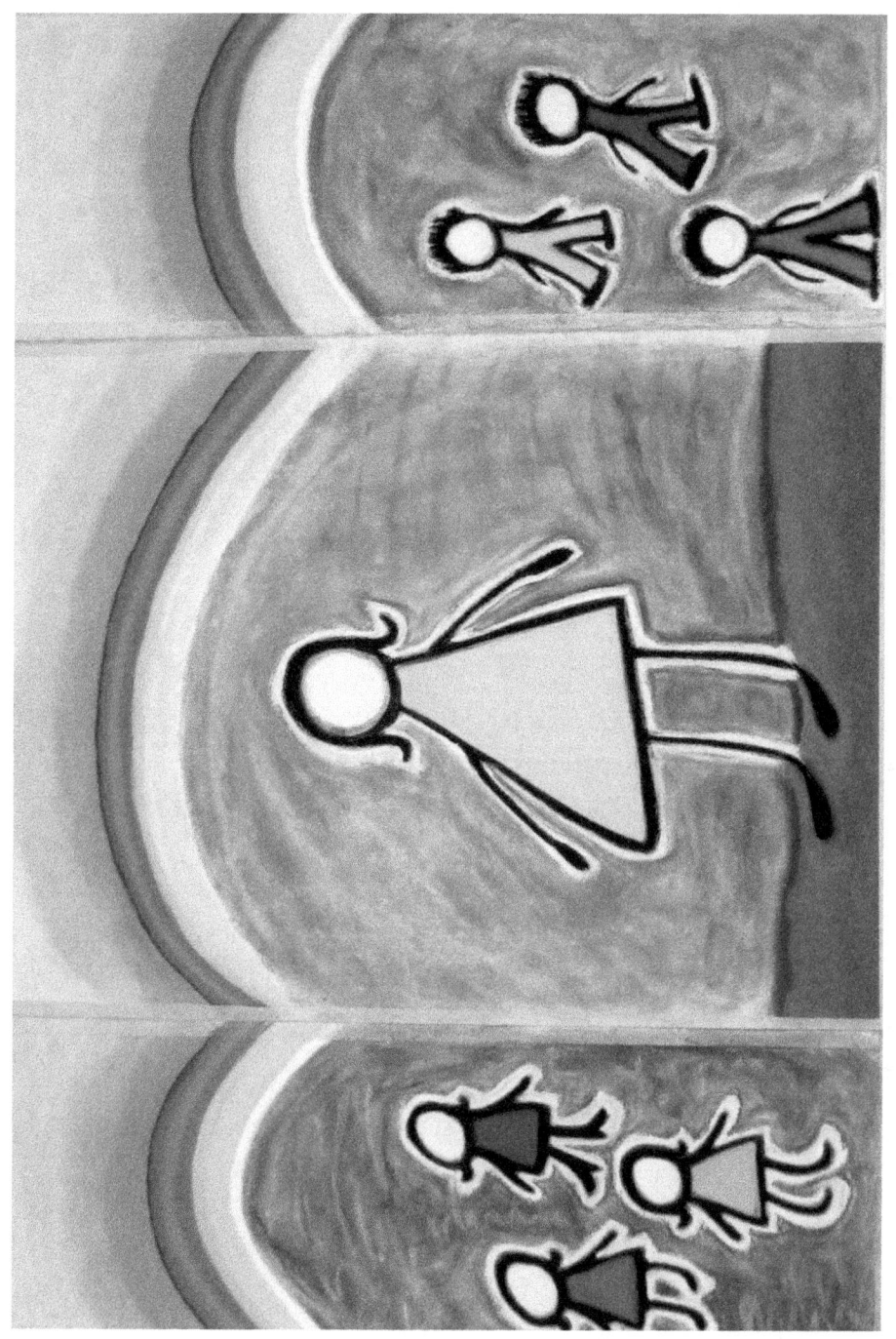

Mein 21. Bild: Mary Lou und die Inneren Kinder!

DREITEILER

Auf meinem Weg und in der Auseinandersetzung mit mir selbst und meinen unguten Gefühlen bin ich auf meine inneren Kinder gestoßen! Ich habe mir nicht gedacht, dass es so viele gibt! Dabei ist ein roter Faden sichtbar geworden. Dieser rote Faden steht für Zusammenhänge.

Innere Kinder – Anteile meiner selbst, die mich rufen! Sie erscheinen, einmal dieses, einmal jenes ... sie möchten, dass ich sie genau anschaue und meine Gefühle zulasse.
Sie wollen gesehen, getröstet, wertgeschätzt, geachtet und respektiert werden.
Ich erlebe, wie interessant es sein kann mit diesen inneren Kindern. Sich diesen kindlichen Anteilen zu widmen. Ich entdecke mich noch einmal ganz anders, kann annehmen und Integrieren. Ja, ich kann mich selbst so besser verstehen.

Und fühle mich immer mehr ganz als erwachsene Maria, die mit beiden Beinen im Leben steht. Ich lebe und handle authentischer.

Mary Lou bin ich in meiner Pubertät: Mit ihr habe ich einen Zugang zu den anderen inneren Kindern bekommen. Die Heilung der inneren Kinder lässt mich jetzt viel mehr für mich eintreten. Ich nehme vieles genauer, klarer und deutlicher wahr. Ich kann mehr umsetzen was ich mir wünsche.

EINFACH MEIN LEBEN LEBEN

ICH DANKE DIR MARY LOU.

105

Mein 22. Bild: Mein Neues Kleid

Ich will zuerst mein altes Kleid ausziehen. Das alte Kleid von TABUS, von eigenen und traditionellen, sowie gesellschaftlichen Vorstellungen von GUT und SCHLECHT. Das alte Kleid „Wie eine Frau zu sein hat". So sind verschiedene Glaubenssätze entstanden, die heute noch wirken.

Eine Frau ist GUT, wenn....

Eine Mutter ist GUT, wenn....

Es wirken die verschiedenen Rollenbilder, Prägungen und TABUS.

TABUS! Über das darf man nicht reden, das darf man nicht tun!

Durch diese Prozessbilder habe ich begonnen, all dies zu beleuchten und verschiedene Erkenntnisse daraus zu gewinnen. So können Veränderungen geschehen. Es braucht Zeit, das Alte loszulassen und ein neues Kleid anzuziehen.

MEIN NEUES KLEID!

Wie kann ich mein neues Kleid darstellen?
Mein inneres Licht leuchtet durch die Schichten wie Angst, Unsicherheit, Wut hindurch. Ich lebe mit allen Anteilen, den GUTEN und UNGUTEN Gefühlen. Mein neues Kleid ist so bunt wie das LEBEN. Die unguten Gefühle, zu denen auch die eigenen Schwächen zählen, sind in der GESELL-SCHAFT uncool und zeitweise ein TABUTHEMA. Sie gehören aber zum Leben dazu. BEWUSSTES ANNEHMEN und DA-SEIN LASSEN ist wichtig. JA so bin ich und so bin ich O.K. Ein JA zu mir selbst unter dem MOTTO

I MAG MI

I MAG DI !!!!!!!!!!

Mein 23. Bild: Bindungen – Verbindungen

Mit Bindungen kommen leider auch die eigenen Abhängigkeiten, Co-Abhängigkeiten (alles zu tun, um sich geliebt zu fühlen), Unselbständigkeit, sowie Muster und Prägungen zum Vorschein.

Es ist wichtig, seine eigenen persönlichen Einstellungen und Ansichten zu haben und zu vertreten. Auch die Freiheit für einen persönlichen Freiraum ist wichtig.

Es ist nicht einfach, einen erfüllenden Weg miteinander zu suchen und zu finden. Manchmal gelingt dies, und manchmal gelingt dies nicht.

Eine andere Art der Bindung ... **Mit anderen in VERBINDUNG zu gehen, ohne sich selber dabei aus den Augen, aus dem Spüren zu verlieren**. Bei sich zu bleiben. Die eigenen Wertvorstellungen, Grenzen, den heilenden Abstand zum Anderen zu kennen, um besser für sich selbst einstehen zu können.

Ich vermute, dies ist ein lebenslanger Lernprozess.

Ich erlebe aber immer wieder: **ES ZAHLT SICH AUS**

113

Mein 24. Bild : Der Schmerz in den Bindungen, das Feuer darin!

Mein Leben lang bewegen mich die Rollenbilder der Frau. Am stärksten wirken die alten Rollenbilder einer Frau in Bindungen.
Die Frau als Be-Dienerin!
Die Frau ist die, die sich anpassen muss an die bestehenden Situationen und die Strukturen.
Sie muss das tun, was von ihr erwartet wird. Sie muss durchhalten. Genau das hat mir in meinem Leben so weh getan. Ich lebte in dem Glauben, für alle anderen sorgen zu müssen. Mich um alles kümmern zu müssen. War ganz im alten Frauenbild.
Ich traute mich lange nicht zu schauen, was für mich gut ist, weil ich so damit beschäftigt war, es allen recht zu machen. Um alle Anforderungen von Familie, Arbeit usw. zu erfüllen. Ich habe mich angepasst an Strukturen, an Wertvorstellungen und traditionelle Rollen. Das ging lange so.

Das Feuer darin ist: ES ZAHLT SICH AUS zu wachsen und zu werden!

Wie hat eine Frau zu sein?

Lange habe ich in all diesen Bereichen funktioniert. Solange, bis ich innerlich und äußerlich, ja auch gesundheitlich an Grenzen gekommen bin. Heute kann ich das mit einigem Abstand betrachten.

Vieles ist durch mein Erkennen, durch meine Bewusstseinsarbeit hochgekommen. Ich bin sehr dankbar dafür nun zu wissen, wie Konditionierungen und Strukturen wirken. Nur so kann man sich selbst aus den Fängen von Mustern, Interpretationen und Leidensprogrammen befreien.

Es ist oft ein mühsamer Weg. Oft, sehr oft habe ich mich so allein gefühlt mit all diesen Themen. Mit dem Gefühl, dass etwas nicht stimmt mit mir. Jetzt weiß ich, dass meine Seele zu mir gesprochen hat. Sie wollte und will, dass ich mich befreie.

Konditionierungen und Muster!

Das dadurch entstandene Selbstbild hat in allen Bereichen meines Lebens gewirkt. Ist somit einfach unbewusst abgelaufen.

Gut, dass ich es geschafft habe, diese Kreisläufe zu unterbrechen. Die Natur des Lebens hat wieder Platz. So hat sich langsam ein neues SELBSTBILD, ein **neues FRAUENBILD** ent-wickelt.

117

Mein 25. Bild: Ruhe, Erholung, Auszeit, Schlüssel dazu ist Engelmalen

Dieses Bild strahlt RUHE und Erholung aus. Es sind die verschiedenen Blautöne, die so wirken. Zuerst malte ich ein Schlüsselloch und fragte mich: „was gibt es für einen Schlüssel, der mir Erholung schenkt?" Plötzlich fiel mir ein zweites Bild dazu ein. Ein Engel.

Ich war sehr erschöpft vom Leben der letzten Jahre. Ich schaffte es nicht, mir eine Auszeit zu nehmen. Durch eine Knieverletzung nahm ich diese Auszeit an und war dankbar dafür. Es war zwar nicht so leicht, dies als Geschenk meiner Seele zu sehen. In dieser Auszeit widmete ich mich dem ENGELMALEN. Es machte mir große Freude, mit den Farben und Formen kreativ und schöpferisch zu arbeiten.

Ich bereitete auch die erste Ausstellung mit Hilfe meiner Lehrerin vor. Meine Arbeit an meinem WACHSEN und WERDEN brachte eine weitere Reflexion meiner Prozessbilder hervor. So ent-

stehen gerade ein BUCH und KUNSTPOSTKAR-
TEN der ENGELBILDER.

Es war zwar keine Arbeit im herkömmlichen
Sinn, sondern sehr viel geistige Arbeit. Meine
Lebenseinstellungen, mein Wertebewusstsein
änderten sich. Ich kam von ICH KANN DAS
NICHT zu **ICH KANN DAS**!

Mein Resümee: ICH LIEBE MICH WIE ICH BIN.

**Mich lieben dürfen ... EINE – MEINE NEUE
WELT**

Einblicke in Lebensthemen

Einige **EINBLICKE IN LEBENSTHEMEN** möchte ich noch ansprechen. Jetzt, da ich es sehen kann, merke ich, wie wertvoll mir manche Erkenntnisse geworden sind. Und ich weiß, dass ich nicht von etwas spreche, das nur ich habe. Ich bin sehr dankbar, dass ich das für mich Wichtige und Wertvolle sehen kann. Dass ich sagen kann, was ich empfinde. Und es weitergeben kann.

MINDERWERT UND WERT

Meine alte Welt bestand aus Rollenbildern, Vorstellungen, Idealen ... wie ich sein soll. Das hat mich unter Druck gesetzt und ich bin ständig verschiedensten eigenen und fremden Erwartungen hinterhergelaufen. Oft habe ich mich selbst gar nicht gespürt, weil ich so fixiert darauf war, meinen persönlichen und den gesellschaftlichen Normen zu entsprechen.

Darunter VERSTECKT war mein Minderwert. Dem war ich nie gut genug. In allen Belangen des Lebens zweifelte ich immer wieder an mir. Das haben die Leute um mich herum auch ganz schön ausgenutzt. So spürte ich in meiner persönlichen Lebenssituation den Wunsch nach Veränderung.

Ich erkannte, wie angepasst ich war. Die Intensität dieser Erkenntnis war haarsträubend, und das brachte mich dazu, für mich einzutreten. Für mich einzutreten war ich nicht gewohnt. Die meisten anderen wollten mich so nicht. Das machte viel sichtbar, was bis dahin verborgen war.

Immer wieder passte ich mich an.

Immer wieder stand ich für mich und mein Leben ein.

Dieser Lebensprozess hält an. In allen Veränderungen geht es immer wieder darum, mich selbst zu fragen: „Wer bin ich – was will ich – wie fühle ich und was möchte ich?" Sinnfragen stellen und schauen, **was ist wirklich wertvoll für mich** … das möchte ich nicht mehr missen. Wie soll die Welt aussehen, in der ich leben möchte? Für mich ist wichtig, die Verantwortung für mein Leben zu übernehmen. Und Veränderungen zuzulassen.

Ich möchte in einer Welt leben, in der ich wertschätzende und respektvolle Kommunikation mit mir selbst und mit anderen erlebe. Ein neues Miteinander auf Augenhöhe – ebenbürtig sein – darf entstehen.

TABU

Auf meiner Reise durchs Leben hat mich vieles sehr geschmerzt. Vor allem, dass man mit geliebten Menschen – ja mit Menschen generell – kaum einen Austausch über gewisse Grenzen hinaus haben kann. Nichts, was tiefer geht oder eingeht auf Tabus – zumeist Unliebsames, Verdrängtes, vermeintlich Gefahrvolles … darf angesprochen werden. Auch das nicht, was einer Klärung bedarf.
Ablehnung, Aggressivität und felsenfeste Überzeugungen hindern Veränderung daran, Neues und auch Gutes zu bringen.

Nicht automatisch heißt „ein Tabu brechen", etwas Verkehrtes zu machen.
Die meisten wollen die Veränderung und den Wandel nicht wirklich. Sie pochen auf Moral, wo Doppelmoral gelebt wird.

Für mich sind die Tabus in Familien, in Partnerschaften, unter Menschen mit einem Schweigen verbunden, das lähmend wirkt.
Die ständige Verdrängung des Unguten bewirkt Stagnation und Frust. Jeder kämpft mit sich und seiner eigenen Wertlosigkeit.

Wieso lernen wir nicht, unsere Wertvorstellungen zu überprüfen? Viele meinen zu wissen, wie man zu sein hat und was richtig ist, obwohl sie doch vor so vielen Themen davonlaufen. Ich habe durch das Malen die Erfahrung gemacht, daß ich etwas verändern und anders machen darf.
Wagen wir es, über unseren Schatten zu springen. Ausbrechen aus Schwarzweiß.

EIN ROTER FADEN

Ein roter Faden zieht sich durch mein Leben. Jetzt bin ich an einem Punkt angelangt, wo ich das mit einem leichteren Herzen betrachten kann.

Viel Schwere und Starre ist von mir abgefallen. Einfach, weil ich sehe, dass ich mich permanent um mich gekümmert habe. Mir ist von Lebensjahr zu Lebensjahr wichtiger geworden, mich selbst nicht mehr zu vergessen bzw. aufzugeben.

Mir selbst die Treue zu halten, ist ein ganz elementarer Grund und Boden in meinem Leben geworden. Heute in Worte zu fassen, was mich schon solange beschäftigt, tut mir gut. Es erleichtert mich zu sehen, dass ich jetzt viel freier kommunizieren kann. Ich traue mir mehr zu. Vertraue mir mehr. Wichtig ist der Umgang mit mir selbst. Und der Umgang mit anderen.

Es gilt zu erkennen, dass es Menschen gibt, die all das Gute und Schöne in mir sehen. Die dies durch ihr Dasein bekräftigen und stärken.

Menschen, die mich bewerten, die mich so haben wollen wie es für sie bequem ist, sind nicht mehr gut für mich. In dieser Hinsicht habe ich genug erlebt. Menschen, die sich über mich stellen, die meinen, mehr wert zu sein oder es besser zu wissen, tun mir auch nicht mehr gut.

So sein dürfen wie man ist ... welch Segen ...

Mein roter Faden ... ein herrliches Rot ... ein tiefes Erkennen von dem, was wirklich wichtig ist. Von dem, was mich im Leben trägt, schützt und über Grenzen hinausbewegt.

GRENZEN

Grenzen sind mir im Leben genug begegnet. Jetzt sind viele dieser Grenzen bereits überschritten. Die Einengungen, die ich mir selbst auferlegt habe und die mir auferlegt wurden, haben sich bereits zu ganz viel Freiheit in meinem Leben gewandelt.

Mein Lebensraum hat sich immens vergrößert und ich lerne immer mehr zuzulassen, dass alles weiter und freier werden darf. Ich muss mich nicht beschränken. Ich muss mich auch nicht mit etwas zufriedengeben, was mich nicht nährt und stärkt.

In so manchen Momenten meines Lebens freue ich mich. Fühle ich mich wohl. Einfach weil ich spüre, dass ich mir nah bin. Dass ich mich selbst viel mehr lassen und annehmen kann.

Ich bin dankbar für das Gute in meinem Leben. Ich bin dankbar für das Ungute in meinem Leben. Danke, dass ich das erkennen kann. So wird jede Begrenzung zu einer Herausforderung, einer Aufgabe, der ich heute schon öfter mit Interesse, ja Freude begegnen kann.
Wenn es mir gelingt, im Hier und Jetzt zu sein, bekomme ich neue Impulse und Anregungen. Die Ängste haben nicht mehr so viel Kraft und ICH KANN NICHT hält mich nicht mehr gefangen.

„ICH KANN NICHT"

hat mir im Laufe meiner neuen Lebensbewegungen sehr zugesetzt. Mir war nicht bewusst, wie tief sich dieser Glaubenssatz eingegraben hatte. Selbstsabotage war das Resultat. Es dauerte eine Weile, bis ich diese Energien enttarnen konnte. Bis ich nicht mehr ganz dadurch blockiert wurde. Immer dann, wenn etwas völlig Neues für mich anstand. Insbesondere in der Zeit vor meiner ersten Ausstellung, oder auf meinem Weg zu einer neuen Arbeit wurde ich so richtig durchgeschüttelt von dieser blockierenden Kraft: „ich kann nicht".

Jetzt kann ich ganz gut damit umgehen, und ich sehe durch mein Dranbleiben und mein Verständnis für mich selbst, dass in vielen Bereichen aus „ich kann nicht" „ICH KANN" geworden ist. Ich habe vermeintlich unüberwindbare Hürden nehmen können, und mir ist bewusst geworden, dass es natürlich ist, zu lernen. **Auch etwas zu lernen, was man nicht kann**. Mittlerweile freue ich mich schon auf so manche Herausforderung. Ich habe mich selbst als Frau und Mensch ganz schön klein gehalten. Klein im Sinne von: Das trau ich mir nicht zu. ICH TRAU MICH … DA ATME ICH DIREKT AUF!

DIESES LEISTUNGSDENKEN!!!!

Mit Leistungsdenken bin ich aufgewachsen, und in meinem Erwachsenenleben hat sich das in allen Bereichen fortgesetzt. Ich war so drin in dieser gesellschaftlichen Schablone, in diesem anerzogenen und angelernten Verhalten, dass ich meine Bedürfnisse gar nicht wahrgenommen habe.

Ich war umringt von Menschen, die einfach wie ich funktionierten. Die all das gar nicht in Frage gestellt haben. Und wenn ich nicht mehr konnte, bekam ich es mit der Angst zu tun. Das hat mich schon früh dazu aufgefordert, mir etwas zu suchen, das mich unterstützt. So kam ich Schritt für Schritt weiter.

Verstanden wurde ich von meinem Umfeld nicht. Das war nicht leicht für mich.

Es wurde nicht gefragt: „Was ist mit dir … was fühlst du?"

Ich durfte lernen FÜR MICH dazusein und auf mich einzugehen.

Ich habe viel geleistet in meinem Leben. In den letzten Jahren erkenne ich das immer mehr. Meinen Wert habe ich ganz viel über Leistung definiert. Mein Streben nach Veränderung, mein „das Leben tiefer wahrnehmen und betrachten" habe ich nicht als Leistung gesehen. Ich wurde ja nicht wertgeschätzt damit, sondern als „Spinnerte" bezeichnet.

Ein Sturz bewirkte eine Knieverletzung. Dadurch kam ich in Kontakt mit meinem Leistungsdenken. Ich konnte rein körperlich nicht mehr all das tun, was vorher möglich war. Weder privat noch beruflich. Das hat mir gezeigt, wie fixiert ich auf gewisse Verhaltensweisen war, wie eingebrannt verschiedene Muster sein können.

Ich lerne, langsamer sein zu dürfen. Ich lerne, mir Zeit zu nehmen. Ich lerne zu fühlen wie es für mich geht. Antrieb und Motivation **... ich möchte mit mir verbunden sein und so agieren, dass ich gut zurechtkomme**.

Diese Hetzereien – gedanklich, emotional … das Sich-Anpassen an stressiges Verhalten … ich sehe immer mehr, dass es auch anders geht. Und: dass uns das **alle** betrifft. Es gibt gesunde Verhaltensweisen und es gibt ungesunde Verhaltensweisen. Nur wer rennt wie verrückt, ist was wert. Nur wer alles mitmacht, ist was wert.
Hier ist es Zeit für Veränderung!

Die Seele und der Geist!

Das wird einfach vergessen. Seelisch-geistige Entwicklung ist für mich ein Grundpfeiler des Lebens. Und ich bin so dankbar, aus diesem Zusammenhang auf das Leben zu blicken. Mehr Mitgefühl und Liebe entsteht auf diese Weise in meinem Leben. Ich darf mich gut behandeln. Ich darf auf mich achten. Ich darf altes Werte-denken loslassen. **Und ein neues Werteden-ken entwickeln**.

DAS NEUE

Heute empfinde ich Anerkennung, Wertschät-zung und Respekt für mein Leben und meinen Weg. Ich habe mich in allen Bereichen meines Lebens weiterentwickelt und Altes losgelassen. Meine Ernte: zwei Ausstellungen mit Vernissa-ge, die Prozessbilder, die Schutzengelbilder, die Postkarten der Engelbilder, das Buch, Freude, Wohlbefinden, Zufriedenheit, mein liebevolles Selbstbild, Kommunikation, neue Menschen, neue Begegnungen, ...viele neue Erfahrungen, die mir zeigen, was sich in mir entwickelt hat.

Dazu gehört es „in die Welt zu gehen" mit dem, was ich tue.

Das fordert mich natürlich heraus, und doch kann ich sagen, dass ich es mittlerweile auch schon gut genießen kann. **Ich erlebe mich neu – schaue mir dabei zu. Und oft bin ich von mir selbst überrascht**.

Meine Prozessbilder geben Einblick in Lebensthemen. In all dem Unguten, das ich entdeckte, fand ich so viel Gutes. In dem Ganzen liegt ganz viel Wachstum und: Eine Erkenntnis jagt die andere. Das schreibe ich jetzt so, weil ich anfangs gar nicht darauf eingestellt war, daß sich so viel daraus entwickeln würde.

„Gott hat für jeden Menschen einen Engel auserwählt, der ihn beschützt und begleitet!" Dieses Lied hat mich inspiriert. So fanden die Schutzengel ihren Weg in mein Leben. Ich male sie mit Leidenschaft und Freude! Immer wieder bin ich überrascht über die Stärke und Intensität des Ausdrucks. Mit meinen Engeln schenke ich Freude. Das Licht der Farben darf wirken.

Der Ausdruck meines Innersten wird in den Bildern sichtbar und spürbar.

Eine tiefgreifende – ja die neueste Erkenntnis: **Ich kann beim Malen nichts falsch machen**.

Gut, dass Text und Bild zusammengefunden haben. Ein neuer Gleichklang...

LIEBE LESERINNEN UND LESER!

ES ZAHLT SICH AUS!

Mein Buch erzählt von meiner Geschichte. Mich selbst und das Leben genauer zu betrachten, wird für mich mehr und mehr ein ganz natürliches Verhalten.

Ich bin mir selbst so viel näher als früher. Bin mit mir im Guten, auch wenn nicht alles super ist. Ich trau mir viel mehr zu und mein Selbstwert ist nicht mehr so leicht zu erschüttern.

Ich bin reifer, wacher.

Ich empfinde Liebe für mich und mein Leben. Das erleichtert es mir, dran zu bleiben. Entwicklung ist ein fließender Prozess. Ich bin sehr dankbar und fühle mich gesegnet. Ich habe die

Chance ergriffen, mich zu wandeln, mich zu verändern.

In mir finde ich all das, wonach ich immer im Außen gesucht habe. Das schenkt mir Ruhe und Frieden.

Was wirklich zählt ist die eigene Veränderung. Die eigene Reise zu sich selbst.....

Ich wünsche ihnen von Herzen Mut und Zuversicht.

Alles Liebe für Sie!

WÜNSCHE

Ich erlaube mir, am Ende des Buches ein paar meiner Wünsche auszusprechen.

... mehr vom Unbewussten ins Bewusste kommen

... mehr in die Eigenverantwortung gehen ...

.... den Humor nicht vergessen ..

... „i mag mi selba"

... „i mag di"

... die Kraft der Natur erkennen ...

... gute, authentische Kommunikation ...

... Frieden ...

... gute Begegnungen ...

... seelisch, geistig, körperlich in „Bewegung" bleiben ...

Autorin

Wenn Sie sich für meine Bilder, Engelpostkarten oder ein persönliches Schutzengelbild interessieren, schreiben Sie mir bitte.

Gerne bringe ich meine Bilder für eine Ausstellung zu Ihnen.

Maria Korntner

e-mail : mkorntner10@gmail.com

Danke

Bei der Erstellung dieses Buches hat mir Agnes A. sehr geholfen: in Sachen Klärung, Erkenntnisse und Kommunikation.

Danke für die Unterstützung!

e-mail: anaiagold@gmx.at

CPSIA information can be obtained
at www.ICGtesting.com
Printed in the USA
BVHW011431160519
548477BV00009B/710/P